BEI GRIN MACHT SIC
WISSEN BEZAHLT

Bibliografische Information der Deutschen Nationalbibliothek:

Die Deutsche Bibliothek verzeichnet diese Publikation in der Deutschen National-
bibliografie; detaillierte bibliografische Daten sind im Internet über http://dnb.d-
nb.de/ abrufbar.

Impressum:

Copyright © 2015 GRIN Verlag, Open Publishing GmbH
Druck und Bindung: Books on Demand GmbH, Norderstedt Germany
ISBN: 978-3-668-17965-3

Dieses Buch bei GRIN:

http://www.grin.com/de/e-book/317086/elementarisierung-im-religionsunterricht-
die-fuenf-dimensionen-des-elementarisierungsmodelles

Max Jung

Elementarisierung im Religionsunterricht. Die fünf Dimensionen des Elementarisierungsmodelles nach Nipkow und Schweitzer als Prinzip der Unterrichtsvorbereitung

GRIN Verlag

GRIN - Your knowledge has value

Der GRIN Verlag publiziert seit 1998 wissenschaftliche Arbeiten von Studenten, Hochschullehrern und anderen Akademikern als eBook und gedrucktes Buch. Die Verlagswebsite www.grin.com ist die ideale Plattform zur Veröffentlichung von Hausarbeiten, Abschlussarbeiten, wissenschaftlichen Aufsätzen, Dissertationen und Fachbüchern.

Besuchen Sie uns im Internet:

http://www.grin.com/

http://www.facebook.com/grincom

http://www.twitter.com/grin_com

Inhaltsverzeichnis

1. Einleitung

Zum täglichen Brot eines jeden Lehrers gehört auch die Vorbereitung von Unterricht und damit auch die Überlegung, wie man Schülern einen (komplexeren) Sachverhalt näher bringt. Nun gibt es viele Ansätze, welche die Weitergabe von Lernstoff beschreiben und vereinfachen sollen. Der wohl am häufigsten verwendete Ansatz ist die so genannte *didaktische Reduktion*. „Man versteht darunter alle Maßnahmen, komplexe, umfangreiche oder schwierige Unterrichtsstoffe so zu verfeinern (...), dass sie von Schüler/innen eines bestimmten Lern- und Entwicklungsalters, aufgenommen und verstanden werden können".[1] Der Begriff der *didaktischen Reduktion* kann für jede Fachdisziplin Anwendung finden. Im Religionsunterricht findet natürlich auch eine Form der didaktischen Reduktion ihren Platz: Das so genannte Elementarisierungsmodell. Hierunter versteht man zwar auch eine Art didaktische Reduktion, jedoch „verweist der Begriff auch auf ein Verhältnis zwischen einem Inhalt und Personen, für die er zugänglich, einsichtig und grundlegend bedeutsam werden soll."[2] Sehr bedeutsam ist, dass man den Inhalt auf sein Wichtigstes reduziert, den Kindern Raum für ihren eigenen Zugang lässt und auch Raum schafft, die eigenen Erfahrungen – von Lehrenden und Lernenden – einfließen zu lassen. Es geht also darum einen guten, verständlichen und nachvollziehbaren Religionsunterricht zu etablieren. Oder wie Friedrich Schweitzer es ausdrückt:

> Der wichtigste Anstoß für den Elementarisierungsansatz erwächst aus der Frage, wie Religionsunterricht so gestaltet werden kann, dass er eine fruchtbare, authentische und lebensbezogene Begegnung zwischen den Inhalten oder Themen einerseits und den Kindern und Jugendlichen andererseits ermöglichen kann.[3]

In meiner Arbeit soll eben dieses Elementarisierungsmodell als Grundlage dienen. Im Folgenden werde ich kurz auf den eigentlichen Begriff der Elementarisierung eingehen und die Entstehung des Elementarisierungsmodells nach Karl

---

[1] Schröder, Hartwig: Didaktisches Wörterbuch; Oldenbourg Wissenschaftsverlag GmbH, München/Wien 2001 S. 74.

[2] Baumann, Ulrike: Elementarisierung, in: WiReLex online, URL: https://www.bibelwissenschaft.de/stichwort/100014 (19.08.2015).

[3] Schweitzer, Friedrich: Elementarisierung – ein religionsdidaktischer Ansatz. Einführende Darstellung, in: DERS., Elementarisierung im Religionsunterricht. Erfahrungen – Perspektiven – Beispiele, Neukirchener Theologie, Neukirchen-Vluyn 2003, S. 11.

2

Ernst Nipkow und Friedrich Schweitzer darstellen. Eine genaue Aufteilung des Modells in fünf Dimensionen soll dessen Tiefe verdeutlichen. In Kapitel 4, soll das Elementarisierungsmodell als Prinzip der Unterrichtsvorbereitung genauer betrachtet und eine Überlegung angestellt werden, wie Religionslehrer und – Lehrerinnen dieses für Ihren Unterricht fruchtbar machen können. Gegen Ende meiner Arbeit möchte ich versuchen, drei der fünf Dimensionen am Beispiel des Gleichnisses vom verlorenen Sohn (LK 15, 11-32) möglichst praxisnah zu verdeutlichen.

2. Begriffserklärung und Entstehung

2.1 Begriffserklärung

Betrachtet man den Begriff „Elementarisierung", so stellt man schnell fest, dass das Wort „Element" offensichtlich der Stamm des Ganzen ist. Dieser Wortstamm kommt in sehr vielen (wissenschaftlichen) Bereichen vor und meint fast immer etwas Grundlegendes. In der Naturphilosophie spricht man zum Beispiel von den vier Elementen – Feuer, Wasser, Luft und Erde. In der Chemie sind Elemente die Grundbausteine aller Stoffe, welche „nicht in andere Stoffe zerlegbar"[4] sind. Sogar im Duden ist das Adjektiv „elementar" mit „grundlegend und wesentlich"[5] beschrieben. Aus didaktischem Blickwinkel könnte man Elementarisierung also als den „Vorgang verstehen, in dem Schwieriges, Komplexes, Unverständliches usw. in eine vereinfachte und damit verständliche Form überführt wird."[6] Doch reicht es nicht aus, Elementarisierung als reine Vereinfachung zu sehen, da diese der didaktischen Bedeutung des Elementarisierungskonzeptes nicht gerecht werden kann. Betrachtet man Elementarisierung aus religionspädagogischer und didaktischer Perspektive, so wird schnell deutlich, dass der Elementarisierungsansatz weitere wichtige Ansätze beinhaltet. Auf

---

[4] Kurzweil, Peter: Chemie: Grundlagen, Aufbauwissen, Anwendungen und Experimente, Springer Vieweg, Wiesbaden 2015, S. 31.

[5] Schüler , Katja: Duden – Das Grundschulwörterbuch – Fremde Wörter, Bibliographisches Institut GmbH, Mannheim 2012, S. 46.

[6] Schweitzer, Friedrich: Elementarisierung – ein religionsdidaktischer Ansatz. Einführende Darstellung, in: DERS., Elementarisierung im Religionsunterricht. Erfahrungen – Perspektiven – Beispiele, Neukirchener Theologie, Neukirchen-Vluyn 2003, S. 9.

3

didaktischer Ebene fragt Elementarisierung nach der notwendigen Voraussetzung für weiteres Lernen und einem vereinfachten Zugang, der schon für Kinder einsichtig ist und Ihnen einen grundlegenden, nachvollziehbaren Wissenszuwachs bietet. Betrachtet man Elementarisierung nun aus religionspädagogischer Sicht, so kommen „weitere Umschreibungen auf – Gewissheit, Einfachheit, Überzeugungskraft und Verständlichkeit. Solche Begriffe zeigen an, dass es das Elementare nicht an sich – abgesehen von allem pädagogischen Situationen – geben kann." [7] All diese Begriffe verweisen darauf, dass es sich hier um ein Verhältnis zwischen einem Thema und einer bestimmten Personengruppe, für die etwas einfach, überzeugend oder verständlich ist oder denen etwas Gewissheit schenkt, handeln muss. Zusammenfassend ist das Elementarisierungsmodell in der Religionspädagogik als ein doppelseitiges Konzept zu beschreiben, welches die Vorbereitung und Gestaltung von Religionsunterricht ins Auge fasst, um das bereits Bekannte, das bereits Erlebte, das zu Lernende und das Individuum des Lerners für einen guten und nachvollziehbaren Unterricht in einen konkreten Zusammenhang setzt und somit guten Religionsunterricht ermöglicht.

Dieser auf ein elementares Lernen ausgerichtete Religionsunterricht ist keine neue Erfindung, sondern vielmehr ein Produkt ständiger didaktischer und religionspädagogischer Weiterentwicklung von „greifbar gutem Unterricht". Die Wurzeln gehen zurück bis ins 18. Jahrhundert wo der Schweizer Schulreformer und Pädagoge Johann Heinrich Pestalozzi den Ansatz der (vorschulischen) Elementarbildung entwickelte. Pestalozzi verstand darunter eine einheitliche Förderung der Grundkompetenzen wie zum Beispiel dem Intellektuellen, dem Sittlich-Religiösen und dem Handwerklichen. Im 20. Jahrhundert beschrieb Wolfgang Klafki eine Elementarisierung, welche Teil des so genannten exemplarischen Prinzips sei. Hauptziel des exemplarischen Prinzips ist es, den Schülern Fähigkeiten zur Abstrahierung, Konkretisierung und Analogiebildung zu vermitteln, um zu erlernende Sachverhalte besser erschließen zu können. Die Verständnisintensivität der Schüler soll hier durch fundamentales (elementares)

---

[7] Schweitzer, Friedrich: Elementarisierung – ein religionsdidaktischer Ansatz. Einführende Darstellung, in: DERS., Elementarisierung im Religionsunterricht. Erfahrungen – Perspektiven – Beispiele, Neukirchener Theologie, Neukirchen-Vluyn 2003, S. 9.

Verstehen gefördert werden, indem zuerst der Grundgedanke erkannt wird, um dann mittels Transfer weitere Wissenshorizonte zu eröffnen.

2.2 Entstehung nach Nipkow und Schweitzer

Ende der 1970er Jahre, entwickelte der deutsche Religionspädagoge Karl Enrst Nipkow das so genannte „Tübinger Modell der Elementarisierung, als Prinzip der Unterrichtsvorbereitung"[8]. Nipkow erweiterte somit das bislang populäre Korrelationsmodell, welches die christliche Überlieferung und die gegenwärtige Lebenswelt der Menschen als Dialogpartner ansieht. „In diesem Korrelations-modell sollen Tradition und Lebenserfahrung in eine Wechselbeziehung zuei-nander gestellt werden und sollen durch die christlichen Glaubensüberlieferun-gen neue Lebenserfahrungen ermöglichen und durch aktuelle Erfahrungen ei-nen neuen Zugang zu Traditionen schaffen."[9] Er erweiterte dieses Modell, in-dem er die religiösen Inhalte in elementare Strukturen und elementare Wahrhei-ten unterteilte, sowie aus Perspektive der Schülerinnen und Schüler zwischen elementaren Zugängen und elementaren Erfahrungen unterschied. Karl Ernst Nipkow etablierte so zusagen die vier Grunddimensionen des heute bekannten Elementarisierungsmodells. Einer seiner ehemaligen Tübinger Schüler, Fried-rich Schweitzer, erweiterte Nipkow's Elementarisierungsmodell um eine fünfte Dimension, die Dimension der elementaren Form des Lernens. Letztendlich war das Tübinger Modell der Elementarisierung geboren, welches bis heute Be-stand hat und einen hohen Stellenwert in der Religionspädagogik und in der ihr übergeordneten Disziplin der Praktischen Theologie genießt. Doch was genau sind die fünf Dimensionen und wie kann das Modell in die Praxis umgesetzt werden? Diese Fragen können nur dann vollständig beantwortet werden, wenn man das gesamte Modell in seine Einzelteile zerlegt und diese dann in Bezie-hung zueinander setzt.

---

[8] Nipkow, Karl Ernst: Elementarisierung, in: Neues Handbuch religionspädagogischer Grundbe-griffe, Kösel Verlag GmbH & Co., München 2009, S. 451.

[9] Vgl. Heil, Stefan: Korrelation, in: WiReLex online, URL: https://www.bibelwissenschaft.de/stichwort/100015 (19.08.2015).

3. Die fünf Dimensionen des Elementarisierungsmodells

3.1 Elementare Struktur

Friedrich Schweitzer umschreibt die Dimension der elementaren Struktur sehr trefflich mit: „Der Sache Kern"[10]. Dieser „Kern" beschreibt den ersten Schritt von Unterricht, das Problem der Auswahl. Natürlich gibt es heutzutage einen Kernlehrplan in jedem Unterrichtsfach. Darin ist genau vorgegeben, welche Themenblöcke behandelt und welche Kompetenzbereiche durch Unterricht gefördert und abgedeckt werden sollen. Doch trotzdem steht jeder Lehrer und jede Lehrerin vor der Frage, wie diese Ziele erfolgreich umgesetzt werden können. Wie strukturiere ich meinen Unterricht? Welches Beispiel nutze ich zur Erarbeitung des vorgeschriebenen Themas? Welche Art von Medien möchte ich nutzen um Schülerinnen und Schülern guten Unterricht zu ermöglichen? Und vor Allem, wie reduziere den zu lernenden Stoff auf das Wesentliche, ohne dabei die Aussagekraft und den „roten Faden" zu verlieren? „In gewisser Weise markiert dieser Schritt der Auswahl überhaupt den Unterschied zwischen dem Leben und einer speziell für Zwecke von Erziehung und Bildung eingerichteten Institution wie den Unterricht."[11] Betrachtet man den Religionsunterricht in seiner ganzen Komplexität, so stellt man schnell fest, dass gerade die Notwendigkeit einer gezielten Auswahl inklusive einer sinnigen didaktischen Reduktion der Inhalte bestehen muss. Alleine die Bibel, als maßgebliche Quelle des Christentums, bedarf einer angemessenen Auswahl für den Unterricht relevanter Themen und Texte. Ebenso spielen aber auch die geschichtliche Entwicklung des Christentums und dessen Bedeutung und Verständnis in der Gegenwart, gesellschaftliche und globale Ereignisse sowie andere Glaubensrichtungen und Religionen eine bedeutende Rolle im modernen Religionsunterricht und sollten deshalb auch auf wesentliche und besonders auf lebensnahe Aspekte reduziert werden. Auch hier gilt der Grundsatz, den relevanten Stoff zu vermitteln ohne den Sinngehalt zu verlieren. Da dieser gesamte Prozess der Unterrichts-

---

[10] Schweitzer, Friedrich: Elementarisierung – ein religionsdidaktischer Ansatz. Einführende Darstellung, in: DERS., Elementarisierung im Religionsunterricht. Erfahrungen – Perspektiven – Beispiele, Neukirchener Theologie, Neukirchen-Vluyn 2003, S. 15.

[11] Mollenhauer, Klaus: Vergessene Zusammenhänge. Über Kultur und Erziehung, Beltz Juventa, München 2008, S. 52ff.

planung und Unterrichtsvorbereitung als individuell zu verstehen ist, sollte vor jeder einzelnen Unterrichtsstunde überlegt werden, diese gegebenenfalls zu verändern. Und genau an dieser Stelle

> liegt der Unterschied zwischen Elementartheologie einerseits und Elementarisie-
> rung andererseits: Versteht sich die Elementartheologie als ein rein innertheologi-
> sches Vorgehen, so fragt der Elementarisierungsansatz von Anfang an didaktisch
> oder pädagogisch und deshalb konstitutiv von der Beziehung zwischen der Sache
> und den Kindern und Jugendlichen her. [12]

Das bedeutet, dass ein innertheologisches Vorgehen für den modernen Religionsunterricht, zwar auch eine wichtige Rolle spielt, jedoch muss „mehrfarbig" gedacht werden und weitere wichtige vor allem didaktische und individuelle Aspekte die Basis der elementaren Struktur darstellen.

3.2 Elementare Erfahrungen

„Zum religiösen Lernen gehören immer auch Erlebnisse und Erfahrungen, Gefühle und Begegnungen mit anderen Menschen sowie Beziehungen in der Gruppe oder in der Gemeinschaft mit anderen Kindern, Jugendlichen und Erwachsenen."[13] Zusammengefasst; Die elementaren Erfahrungen jedes einzelnen Kindes und Jugendlichen. Diese Dimension des Tübinger Elementarisierungsmodells beschäftigt sich also mit dem alltäglichen Erfahrungszusammenhang, den die Schülerinnen und Schüler in den Unterricht mitbringen. Blickt man ein paar Jahre zurück, so stellt man fest, dass das individuell Erlebte und die persönlichen Erfahrungen der Kinder und Jugendlichen schon länger eine wichtige Rolle für guten Religionsunterricht spielen. Ein solcher erfahrungsorientierter Religionsunterricht soll an die Erfahrungen der Schülerinnen und Schüler anknüpfen und das selbst Erlebte als Reflexionsgrundlage des im Unterricht zu erarbeitenden Stoffs unterstützen.

---

[12] Schweitzer, Friedrich: Elementarisierung – ein religionsdidaktischer Ansatz. Einführende Darstellung, in: DERS., Elementarisierung im Religionsunterricht. Erfahrungen – Perspektiven – Beispiele, Neukirchener Theologie, Neukirchen-Vluyn 2003, S. 16.

[13] Schreiner, Martin: Überblick über religionspädagogisch interessante Neuerscheinungen, in: Theo-Web. Zeitschrift für Religionspädagogik, 10. Jahrgang 2011, Heft 2, URL: http://www.theo-web.de/zeitschrift/ausgabe-2011-02/31.pdf (20.08.2015), S. 385.

Dieses Bemühen entspricht der seit der Aufklärungspädagogik zu beobachtenden Aufwertung der Erfahrung gegenüber Tradition und Offenbarung, wie sie dann in der Reformpädagogik des frühen 20. Jahrhunderts noch einmal eine didaktische Blüte erlebte. Für heutige Kinder und Jugendliche ist es ganz selbstverständlich, dass sie nur das einleuchtend finden, was im Horizont ihrer eigenen Lebens- und Erfahrungswelt Sinn macht. [14]

Genau an diesem Punkt knüpft Nipkow an und zielt mit seinem Elementarisierungsmodell auf einen lebensbedeutsamen Unterricht, welcher den individuellen Erfahrungshorizont mit dem zu lernenden Stoff in eine wechselseitige Beziehung setzt. Gerade diese lebensweltliche Verknüpfung verstärkt die eigene religiöse Empfindung und hilft den Schülerinnen und Schülern dabei, sich selbst in religiösen Themen wiederzufinden oder religiöse Themen kritisch zu reflektieren. Sobald Kinder und Jugendliche ein bestimmtes Thema mit ihrem eigenen Lebenshorizont vergleichen, findet ein konstruktiver Lernprozess statt, egal ob sie sich einem Thema nur annähern, sich damit identifizieren oder gar ablehnen. Wichtig ist jedoch, dass nach der Selbstreflektion bezogen auf die individuelle Erfahrung, auch ein Austausch innerhalb der Klasse/Lerngruppe erfolgt. An dieser Stelle lernen Schülerinnen und Schüler mit den Erfahrungen und Meinungen anderer umzugehen und diese ebenfalls kritisch in ihre eigenen Lernergebnisse mit ein zu beziehen. Eine besondere Rolle besitzen die So genannten Schlüsselerfahrungen. Diese erweisen sich häufig als Vermittlungskategorien zwischen fremdem und eigenem Erleben einer religiösen Wirklichkeit.

> „Schlüsselerfahrungen auch anderer Menschen lassen einen nicht kalt. Sie ziehen die Leserinnen und Leser in ihren Bann, lassen fragen nach dem eigenen Leben und nach den eigenen Erfahrungen. Insofern ist deutlich, dass in der ausdrücklichen Aufnahme der Frage der Schlüsselerfahrung und ihrer verstärkten Thematisierung eine Chance für die religionspädagogische Arbeit in Schule und Gemeinde liegt, die nicht vergeben werden sollte. [15]

---

[14] Schweitzer, Friedrich: Elementarisierung – ein religionsdidaktischer Ansatz. Einführende Darstellung, in: DERS., Elementarisierung im Religionsunterricht. Erfahrungen – Perspektiven – Beispiele, Neukirchener Theologie, Neukirchen-Vluyn 2003, S. 19.

[15] Schweitzer, Friedrich: Schlüsselerfahrungen – ein neues religionspädagogisches Konzept? In: Biehl, Peter (Hg.): Schlüsselerfahrungen. Jahrbuch für Religionspädagogik, Band 16, Neunkirchen 2000, S. 211.

Durch die Frage nach dem eigenen Erfahrungshorizont und dessen (gedankliche) Verknüpfung mit dem Unterrichtsstoff, erhält der Religionsunterricht „eine veränderte Akzentuierung, die ihm eine neue Aktualität schenken kann."[16]

3.3 Elementare Zugänge

Die Dimension der elementaren Zugänge baut direkt auf die Dimension der elementaren Erfahrungen der Kinder und Jugendlichen auf. Elementare Zugänge fragen nach der Perspektive von Schülerinnen und Schülern auf ein bestimmtes Thema. Was also vorab durch elementare Erfahrungen geprägt wurde, verändert so zu sagen die Sicht und damit die individuelle perspektivische Herangehensweise eines jeden Einzelnen an ein bestimmtes Thema. Eminent wichtig ist es, zu verstehen, „dass Kinder und Jugendliche ihre eigene Verstehens- und Deutungsweisen mitbringen"[17]. Diese Individualität verdient es beachtet und vor allem auch geschützt zu werden, denn sie ist es, die einen abwechslungsreichen, interessanten und einen für jeden Einzelnen erfahrbaren Religionsunterricht ermöglicht. Nun liegt es an der Unterrichtsplanung, eine für die Schülerinnen und Schüler erfahrbare und zugleich zugängliche Lernumgebung zu schaffen, welche nicht nur den Raum an sich fokussiert, sondern auch ganz klar eine altersgerechte Filterung der zu behandelnden Themen voraussetzt. Dazu muss der Lehrende aber auch in der Lage sein, einen Perspektivenwechsel innerhalb seines geplanten Religionsunterrichts zuzulassen. Es sollte sich also ein Verständnis herausbilden, dass Kinder und Jugendliche „zunächst ganz in ihrer eigenen Nahwelt leben – in der für sie sinnlich erfahrbaren Wirklichkeit"[18] – und dass sie neuen (komplexen) Inhalten mit dem Blick aus ihrer eigenen individuellen Wahrnehmung begegnen. Diese Mehrfarbigkeit der verschiedenen Zugänge kann aber nur für den elementarisierten Religionsunterricht fruchtbar gemacht werden, wenn jede Meinung und Herangehensweise

---

[16] Ebd., S. 211.

[17] Schweitzer, Friedrich: Elementarisierung – ein religionsdidaktischer Ansatz. Einführende Darstellung, in: DERS., Elementarisierung im Religionsunterricht. Erfahrungen – Perspektiven – Beispiele, Neukirchener Theologie, Neukirchen-Vluyn 2003, S. 21.

[18] Schweitzer, Friedrich: Elementarisierung – ein religionsdidaktischer Ansatz. Einführende Darstellung, in: DERS., Elementarisierung im Religionsunterricht. Erfahrungen – Perspektiven – Beispiele, Neukirchener Theologie, Neukirchen-Vluyn 2003, S. 23.

respektiert wird und individuell daran weiter gearbeitet wird. Für den Religionsunterricht bedeutet dies dann aber auch, dass „biblische Geschichten auch unrichtig verstanden werden dürfen"[19], denn auch „unrichtiges Verstehen, das aus
dem kindlichen Weltverständnis erwächst, hat ein Recht auf Achtung."[20] Die
didaktische Herausforderung liegt also auch hier darin, die individuellen Erfahrungen und Zugangsweisen vorbehaltlos zu respektieren und andererseits die
Schülerinnen und Schüler doch zu weiteren Entwicklungsschritten herauszufor-
dern.

3.4 Elementare Wahrheiten

Die Dimension der Elementaren Wahrheiten steht für einen konfessionellen o-
der konfessorischen Religionsunterricht. Das bedeutet, dass es hier nicht um
Wahrheiten im naturwissenschaftlichen Sinne geht, sondern viel mehr um die
inner-konfessorische vorausgesetzte Wirklichkeit biblischer Texte und des
Evangeliums. Hierbei werden die zuvor beschriebenen Dimensionen der elementaren Struktur, der elementaren Erfahrung und der elementaren Zugänge
als Deutungswege zur Beantwortung der elementaren Wahrheiten genutzt. Es
wird also beabsichtigt, „dass in diesem Unterricht der Frage nach Wahrheit und
nach der Bedeutung früherer Erfahrungen für heutiges Leben und Glauben
konstitutiv Raum gegeben wird.[21] Die Frage nach Wahrheit ist natürlich in jeder
Art von Unterricht und in jeder Fachdisziplin präsent, jedoch wird der Wahr-
heitsaspekt im konfessionellen Religionsunterricht noch durch eine glaubens-
bezogene persönliche Dimension ergänzt. Es kann also durchaus vorkommen,
dass in einem elementarisierten Religionsunterricht mehrere Wahrheitsansich-

---

[19] Wegenast, Klaus und Philipp: Biblische Geschichten dürfen auch unrichtig verstanden werden. Zum Erzählen und Verstehen neutestamentlicher Erzählungen, in: Bell, Desmond u.a.
(Hg.): Menschen suche – Zugänge finden. Auf dem Weg zu einem religionspädagogisch verantworteten Umgang mit der Bibel, Foedus Verlag, Wuppertal 1999, S. 246-263.

[20] Vgl. Schweizer, Friedrich: Das Recht des Kindes auf Religion. Ermutigungen für Eltern und
Erzieher, Gütersloher Verlagshaus, Gütersloh 2000, S. 98ff.

[21] Schweitzer, Friedrich: Elementarisierung – ein religionsdidaktischer Ansatz. Einführende Darstellung, in: DERS., Elementarisierung im Religionsunterricht. Erfahrungen – Perspektiven –
Beispiele, Neukirchener Theologie, Neukirchen-Vluyn 2003, S. 26.

ten geltend gemacht werden können. So ist zum Beispiel der theologische Kern eine (Haupt-)Wahrheit, aber die von der persönlich erlebten Erfahrung kommende selbstwahrgenommene Wahrheit mindestens genauso wichtig. Hier bietet der konfessionelle Religionsunterricht eine Chance, verschiedenste Themen von mehreren Seiten zu beleuchten und bietet somit einen Spielraum zur persönlichen Glaubensfindung. Zusammenfassend könnte man sagen, dass elementare Wahrheit nicht im allgemeingültigen Sinne von „Wahrheit" verstanden werden darf, sondern als existentielle auf Gott bezogene persönliche Wahrheit angesehen werden muss, welche zugleich nicht objektiv feststellbar ist. Für Lehrerinnen und Lehrer bedeutet dies ein Unterrichten auf wissenschaftlicher Grundlage und auf Freiheit des Gewissens.

3.5 Elementare Lernwege

Betrachtet man die vier zuvor beschriebenen Dimensionen des Tübinger Elementarisierungsmodells nach Karl Ernst Nipkow und Friedrich Schweitzer, so beschreiben sie alle die großen Vorteile des individuellen Lernerfolges und auch die „elementaren" Vorgehensweisen innerhalb des Religionsunterrichtes. Die elementaren Lernwege oder auch elementaren Lernformen knüpfen an diesen eher theoretischen Vorgaben für Elementarisierung an und versuchen Anregungen für eine praktische Umsetzung zu geben. Bei den elementaren Lernwegen wird zunächst die Frage der Lern-Methodik gestellt. Hierbei gibt es unzählige Möglichkeiten, wie der zu lernende Inhalt erarbeitet werden kann. Besonders wichtig ist jedoch, dass die zu erarbeitenden Einzelaspekte des Unterrichtsstoffes in konstruktiver Weise und idealerweise im Dialog mit den Schülern vergegenwärtigt werden. Neben den individuellen kognitiven Zugängen der Schülerinnen und Schüler sollen auch emotionale Ansprüche einen permanenten Lernprozess in Gang setzen und die Kinder dazu anregen, sich mit dem Lernstoff intensiv und persönlich auseinanderzusetzen und zu eigenen Wertungen zu gelangen. Genau an dieser Stelle liegt es am Lehrenden, die zum Unterrichtsthema passende Methode zu finden, welche zugleich ein „aktives Sich-

Auseinandersetzen mit Fragen und Widersprüchen"[22] der Schülerinnen und Schüler induziert. Die Dimension der elementaren Lernwege ist also ein „aktiver Teil" des Elementarisierungsmodelles – für Lehrende und Lernende gleichermaßen. „Die Unterrichtenden suchen nach Formen des Lehrens, die dem Thema gerecht werden, und berücksichtigen dabei kognitive, affektive und handlungsorientierte Aspekte des Lernens sowie Möglichkeiten kreativer Gestaltung,"[23] während die Kinder möglichst selbständig zum aktiven Lernen angeregt werden. Kurz gesagt: „Die Sache soll den Schülerinnen und Schülern durch methodische Vielfalt zugänglich werden."[24]

4. Elementarisierung als Unterrichtsvorbereitung

- Eine Überlegung für Lehrer –

Wie schon zu Beginn meiner Arbeit beschrieben, ist die Vorbereitung der erste und vielleicht einer der wichtigsten Schritte, die zu einem guten Unterricht führen. Hierbei ist es völlig egal, in welchem Fach der Unterricht stattfindet. Genauer möchte ich an dieser Stelle jedoch die Unterrichtsvorbereitung im Fach katholische Religionslehre betrachten und wie man diesen ersten Schritt mit Hilfe des Tübinger Elementarisierungsmodelles bewältigen kann. Religionslehrerinnen und Religionslehrer sollten laut Friedrich Schweitzer, den „Religionsunterricht so gestalte[n] […], dass er eine >fruchtbare<, authentische und lebensbezogene Begegnung zwischen den Inhalten oder Themen einerseits und den Kindern und Jugendlichen andererseits ermöglichen kann."[25] Die von der Deutschen Bischofskonferenz vorgegebenen Bildungsstandards Lehrplaninhalte und zu fördernden Kompetenzbereiche werden in diesem Kapitel meiner Arbeit

---

[22] Schweitzer, Friedrich: Elementarisierung – ein religionsdidaktischer Ansatz. Einführende Darstellung, in: DERS., Elementarisierung im Religionsunterricht. Erfahrungen – Perspektiven – Beispiele, Neukirchener Theologie, Neukirchen-Vluyn 2003, S. 25.

[23] Baumann, Ulrike: Elementarisierung, in: WiReLex online, URL: https://www.bibelwissenschaft.de/stichwort/100014 (07.09.2015).

[24] Ebd..

[25] Schweitzer, Friedrich: Elementarisierung – ein religionsdidaktischer Ansatz. Einführende Darstellung, in: DERS., Elementarisierung im Religionsunterricht. Erfahrungen – Perspektiven – Beispiele, Neukirchener Theologie, Neukirchen-Vluyn 2003, S. 11.

nicht mit einbezogen, sollten aber trotzdem als Grundlage bei der Planung von Religionsunterricht nicht vergessen werden.

Jeder Unterricht hat seinen Ursprung im Kopf des Lehrenden und somit treten immer wieder die selben grundlegenden Fragen auf, die es zu beantworten gilt.

> „Welcher Inhalt, welches Ziel, welche Methode, welche Artikulation unter Berücksichtigung der mir vorliegenden Bedingungen aus Schüler- und Organisationsseite soll meine in der Unterrichtseinheit eingebettete Unterrichtsstunde haben, welche Umstände muss ich dabei beachten?"[26]

Um möglichst nah am Elementarisierungsmodell zu bleiben, möchte ich mich vorrangig auf die Methodik konzentrieren. In meiner bisherigen Unterrichtserfahrung habe ich gelernt, dass ein problemgenerierender Unterrichtseinstieg die meisten Schüler erreicht, wenn er sie in ihrem eigenen Nah, Sozial- oder Handlungsraum betrifft. Karl Ernst Nipkow würde dies mit der Dimension der elementaren Erfahrung beschreiben. Diese Erfahrungen können aber erst dann für den Religionsunterricht fruchtbar gemacht werden, wenn sie durch einen Impuls angeregt und von den Schülerinnen und Schülern direkt oder indirekt mit dem Unterrichtsthema verknüpft werden. Es muss also eine Brücke zwischen individuell Erfahrenem und aktuellem Unterrichtsinhalt gespannt werden, welche genug Raum für individuelle Zugänge der Schülerinnen und Schüler lässt. Betrachtet man nun die Definitionen von elementaren Erfahrungen und elementaren Zugängen, so stellt man sehr schnell fest, dass es – bedingt durch die hohe Individualität – keine, „für jeden Unterricht verbindliche, Strategie der Unterrichtsvorbereitung gibt". [27] Religionslehrerinnen und –Lehrer, die das Elementarisierungsmodell als Kern der eigenen Unterrichtsplanung nutzen, sollten deshalb nicht blauäugig an die Erstellung einer Unterrichtseinheit heran gehen. Vielmehr muss der Lehrende versuchen, sich im Vorfeld seiner Planung in die Lage der Schülerinnen und Schüler zu versetzen und somit eine eventuelle Lenkung des Unterrichts, welche von den Kindern ausgeht, zulassen. Diese

---

[26] Zimmermann, Mirjam: Planung von Religionsunterricht in der Oberstufe, in: Adam, Gottfried/ Rothgangel, Martin/ Wermke Michael, Religionsunterricht in der Sekundarstufe II – Ein Kompendium, Vandenhoeck & Ruprecht, Göttingen 2006, S. 417.

[27] Zimmermann, Mirjam: Planung von Religionsunterricht in der Oberstufe, in: Adam, Gottfried/ Rothgangel, Martin/ Wermke Michael, Religionsunterricht in der Sekundarstufe II – Ein Kompendium, Vandenhoeck & Ruprecht, Göttingen 2006,S. 413.

fördert nicht nur die Bereitschaft zur Mitarbeit im Unterricht, sondern fördert auch den Kompetenzerwerb gleichermaßen. Die Unterrichtsplanung mit Hilfe des Tübinger Elementarisierungsmodelles nimmt also „die domänenspezifische als auch die adressaten- und prozessorientierte Seite des Unterrichts auf."[28]

5. Elementarisierung am Beispiel des verlorenen Sohns

5.1 Elementare Struktur am Beispiel Lk 15, 11-32

Betrachtet man da Gleichnis vom verlorenen Sohn, so stellt sich sehr schnell heraus, dass der „verlorene Sohn" nicht die wirkliche Hauptfigur der Geschichte darstellt. Eher ist es der liebende und gütige Vater, dessen Handlung hier im Vordergrund steht. Denn er ist es, der den „verlorenen Sohn" wieder aufnimmt und mit ihm feiert und sein verbliebenes Hab und Gut teilt, obwohl der Sohn seinen Anteil schon lange ausgegeben hatte. Ebenso könnte der Zorn des daheimgebliebenen Sohnes gegenüber dem verlorenen Sohn in den Vordergrund gerückt werden. Diese Perikope bietet also mehrere Ansatzpunkte für elementare Strukturen. Lehrerinnen und Lehrer sollten wie zu Anfang beschrieben jedoch Platz für Mehrfarbigkeit lassen und somit Raum für mehrdeutige Auslegung des Gleichnisses bieten. Wahrscheinlich werden sich die meisten Schüler gut in die Lage des daheimgebliebenen Sohnes versetzen können und den Standpunkt des Vaters nicht direkt verstehen. Am Ende der Unterrichtseinheit sollte mit Hilfe der elementaren Struktur, jeder einzelne Blickwinkel auf das Gleichnis vom verlorenen Sohn betrachtet worden sein, sodass jeder versteht, dass der Vater dieser Parabel auf Gott verweist.

> „Genauer: Die Liebe, die sich in dieser Parabel ereignet , ist die Liebe Gottes... Die Liebe Gottes überholt als Vergebung die Vergangenheit des Menschen, und sie überholt als Bitte zum Mitfeiern auch die Gerechtigkeit des Menschen... Die Liebe Gottes ist darauf aus, beide Verlorenen zum Fest der Liebe zu vereinigen... Das Ereignis einer solchen Liebe irritiert die Welt, denn Vergebung ist in ihr nicht vorgesehen. Aber gerade als eine irritierende Liebe macht sie alles neu."[29]

---

[28]Hahn, Matthias / Schulte, Andrea: Kompetenzorientiert Religionsunterricht planen – aber wie?, in: Theo-Web. Zeitschrift für Religionspädagogik, 13. Jahrgang 2014, Heft 1, URL: http://www.theo-web.de/zeitschrift/ausgabe-2014-01/13.pdf (14.09.2015), S. 129 f.

[29]Vgl. Werder, Hans: Die Gleichnisse Jesu als Metaphern. Traditions- und redaktionsgeschichtliche Analysen und Interpretationen, Vandenhoeck & Ruprecht, Göttingen 1990,S. 259-261.

5.2 Elementare Erfahrungen am Beispiel Lk 15, 11-32

Zusammen mit den elementaren Strukturen, bilden die elementaren Erfahrungen eine sehr bedeutsame Reflexionsgrundlage des zu erlernenden Stoffes. Das Gleichnis vom verlorenen Sohn bietet viele Ansatzpunkte um seine eigenen lebensweltlichen Erfahrungen zum besseren Verständnis des Lerninhaltes mit der Parabel selbst in Beziehung zu setzen. Die Vater-Sohn-Beziehung sollte von jedem Schüler und jeder Schülerin erkannt werden. Ebenso spielt das Verhältnis zwischen den Generationen - und der damit verbundene Verhaltenskodex - eine wichtige Rolle. Schaut man genauer hin so kann man auch das Verhältnis zwischen den beiden Söhnen erarbeiten. Die Aufgabe im Unterricht sollte nun das Finden von Gemeinsamkeiten zwischen Gleichnis und eigener Erfahrung darstellen. Wie ist mein Verhältnis zu meinem Vater/zu meinen Eltern? Wie verhalte ich mich in Anwesenheit älterer Generationen? Wie stehe ich zu meinen Geschwistern?

Doch das sind in diesem Beispiel nur die oberflächlichen Themen. Analysiert man die Parabel genauer, so kann man sicher auch Themen wie: „Aufbrechen und Aufbrechen-Dürfen, Scheitern, Schuld und Vergebung, Liebe und Eifersucht, Gerechtigkeit und Freude"[30] in eine wechselseitige Beziehung zwischen selbst Erlebtem und dem Gleichnis setzen.

Friedrich Schweitzer synonymisiert den Begriff der elementaren Erfahrungen mit dem „Sitz im Leben"[31]. Erkennt sich der Lerner im Gleichnis wieder oder welche eigenen Erlebnisse und Erfahrungen verweisen auf Parallelen zwischen selbst Erfahrenem und im Gleichnis Erzähltem? Die Begrifflichkeit „Sitz im Leben" fragt zeitlos, also nicht nur nach dem eigenen aktuellen „Sitz im Leben" sondern auch nach dem „Sitz im Leben" zur Zeit des Gleichnisses. Für unser Beispiel hieße das übersetzt: Wie haben sich die angesprochenen zwischenmenschlichen Beziehungen mit der Zeit verändert (oder auch nicht)? Welche Parallelen sind zu erkennen und wo gibt es Kontraste zum Gleichnis?

---

[30]Schweitzer, Friedrich: Elementarisierung – ein religionsdidaktischer Ansatz. Einführende Darstellung, in: DERS., Elementarisierung im Religionsunterricht. Erfahrungen – Perspektiven – Beispiele, Neukirchener Theologie, Neukirchen-Vluyn 2003, S. 20.
[31]Ebd., S. 19.

5.3 Elementare Zugänge am Beispiel Lk 15, 11-32

Wie schon zu Beginn meiner Arbeit beschrieben, sind die elementaren Zugänge eine Fortsetzung des Hauptgedanken der elementaren Erfahrungen und der elementaren Struktur. Die Dimension der elementaren Zugänge nutzt die eigenen Weltzugänge und Weltbilder der Schülerinnen und Schüler als additive Grundlage zur Erarbeitung religiöser Themen. So können Kinder das Gleichnis vom verlorenen Sohn durch ihr eigenes Weltbild betrachten. Wahrscheinlich werden viele Kinder das Verhalten des Vaters erst mal nicht nachvollziehen können und zu Recht die Gleichberechtigung beider Söhne in Frage stellen. Einige können vielleicht auch nichts mit der Vaterliebe anfangen, weil sie keinen Bezug zu ihrem eigenen Vater haben (Scheidungskinder). Andere Schülerinnen und Schüler sind vielleicht Einzelkinder und haben daher eine andere Deutungsweise was das Verhältnis der beiden Brüder angeht. Gerade bei den elementaren Zugängen sollte der Lehrperson klar sein, dass Kinder und Jugendliche biblische Geschichten nicht immer richtig deuten, begründet durch ihre individuellen Zugänge zum jeweiligen Thema. So werden Kinder das Gleichnis vom verlorenen Sohn wohl eher wörtlich nehmen und es in Beziehung zu ihren eigenen Vaterbildern setzen. „Jugendliche hingegen spüren in diesem Gleichnis wohl mehr von der ihnen selbst vertrauten Dynamik der Ablösung von den Eltern und der Infragestellung elterlicher Autorität."[32] Jedoch ist nicht nur der themenbasierte Zugang wichtig sondern auch wie ein Gleichnis generell verstanden wird. Auch hier werden, bedingt durch die eigenen Zugänge, verschiedene Sichtweisen feststellbar sein. Das Gleichnis vom verlorenen Sohn könnte als symbolische Erzählung verstanden werden, das den Vater mit einem liebenden und vergebenden Gott vergleicht. Ebenso kann es aber auch wörtlich verstanden werden und eine tiefere Bedeutung sollte dann durch den Erfahrungsaustausch innerhalb der Klasse erarbeitet werden.

---

[32]Schweitzer, Friedrich: Elementarisierung – ein religionsdidaktischer Ansatz. Einführende Darstellung, in: DERS., Elementarisierung im Religionsunterricht. Erfahrungen – Perspektiven – Beispiele, Neukirchener Theologie, Neukirchen-Vluyn 2003, S. 22.

6. Fazit / Schlussbemerkung

Eine der grundlegenden Eigenschaften des Tübinger Elementarisierungsmodelles ist die eigene und vor allem die individuelle Auseinandersetzung mit religiösen Themen mit Hilfe des eigenen Erfahrungshorizontes. Die Einbindung von selbst Erlebtem und eigenen Deutungsweisen erlaubt eine selbstkritische und reflexive Aneignung der zu behandelnden Inhalte. Das Elementarisierungsmodell fördert also nicht nur die eigene Wahrnehmung sondern stärkt auch eine multiperspektivische Herangehensweise. Meiner Meinung nach ist das Modell gewinnbringend für Schülerinnen und Schüler aber auch für Lehrerinnen und Lehrer. Den Lehrenden unterstützt das Elementarisierungsmodell in der Vorbereitung von Unterricht und hilft dabei, eventuelle Gedankengänge von Kindern und Jugendlichen schon im Vorfeld zu erkennen und somit in die Unterrichtsplanung zu integrieren. Außerdem verdeutlicht das Elementarisierungsmodell schon vorab, dass religiöse Inhalte – insbesondere biblische Geschichten – auch unrichtig verstanden werden dürfen, sofern sie trotzdem einem (religiösen) Erfahrungsgewinn dienen. Für Schülerinnen und Schüler bietet das Tübinger Elementarisierungsmodell eine kleinschrittige und auf jeden selbst bezogene Methode, sich religiösen Inhalten auf Grundlage der eigenen Erfahrung zu nähern und sich mit diesen kritisch auseinander zu setzen. Besonders bedeutsam finde ich, dass der Erfahrungsgewinn und die Erweiterung des eigenen Horizontes im Vordergrund stehen. Somit bietet das Elementarisierungsmodell nach Nipkow und Schweitzer eine Lernmöglichkeit für Schülerinnen und Schüler, sowie Lehrerinnen und Lehrer gleichermaßen. Ich denke, dass gerade die stetige wechselseitige Beziehung zwischen Inhalt und Person das Elementarisierungsmodell für einen guten Religionsunterricht fruchtbar machen kann.

7. Literaturverzeichnis/Quellen

- Baumann, Ulrike: Elementarisierung, in: WiReLex online, URL: https://www.bibelwissenschaft.de/stichwort/100014 (19.08.2015)
- Hahn, Matthias / Schulte, Andrea: Kompetenzorientiert Religionsunterricht planen – aber wie?, in: Theo-Web. Zeitschrift für Religionspädagogik, 13. Jahrgang 2014, Heft 1, URL: http://www.theo-web.de/zeitschrift/ausgabe-2014-01/13.pdf (14.09.2015)
- Heil, Stefan: Korrelation, in: WiReLex online, URL: https://www.bibelwissenschaft.de/stichwort/100015 (19.08.2015)
- Kurzweil, Peter: Chemie: Grundlagen, Aufbauwissen, Anwendungen und Experimente, Springer Vieweg, Wiesbaden, 2015
- Mollenhauer, Klaus: Vergessene Zusammenhänge. Über Kultur und Erziehung, Beltz Juventa, München, 2008
- Nipkow, Karl Ernst: Elementarisierung, in: Neues Handbuch religionspädagogischer Grundbegriffe, Kösel Verlag GmbH & Co., München, 2009
- Schreiner, Martin: Überblick über religionspädagogisch interessante Neuerscheinungen, in: Theo-Web. Zeitschrift für Religionspädagogik, 10. Jahrgang 2011, Heft 2, URL: http://www.theo-web.de/zeitschrift/ausgabe-2011-02/31.pdf (20.08.2015)
- Schröder, Hartwig: Didaktisches Wörterbuch; Oldenbourg Wissenschaftsverlag GmbH, München/Wien, 2001
- Schüler , Katja: Duden – Das Grundschulwörterbuch – Fremde Wörter, Bibliographisches Institut GmbH, Mannheim, 2012
- Schweizer, Friedrich: Das Recht des Kindes auf Religion. Ermutigungen für Eltern und Erzieher, Gütersloher Verlagshaus, Gütersloh, 2000
- Schweitzer, Friedrich: Elementarisierung – ein religionsdidaktischer Ansatz. Einführende Darstellung, in: DERS., Elementarisierung im Religionsunterricht. Erfahrungen – Perspektiven – Beispiele, Neukirchener Theologie, Neukirchen-Vluyn, 2003
- Schweitzer, Friedrich: Schlüsselerfahrungen – ein neues religionspädagogisches Konzept? In: Biehl, Peter (Hg.): Schlüsselerfahrungen. Jahrbuch für Religionspädagogik, Band 16, Neunkirchen, 2000

- Wegenast, Klaus und Philipp: Biblische Geschichten dürfen auch unrichtig verstanden werden. Zum Erzählen und Verstehen neutestamentlicher Erzählungen, in: Bell, Desmond u.a. (Hg.): Menschen suche – Zugänge finden. Auf dem Weg zu einem religionspädagogisch verantworteten Umgang mit der Bibel, Foedus Verlag, Wuppertal, 1999
- Werder, Hans: Die Gleichnisse Jesu als Metaphern. Traditions- und redaktionsgeschichtliche Analysen und Interpretationen, Vandenhoeck & Ruprecht, Göttingen, 1990
- Zimmermann, Mirjam: Planung von Religionsunterricht in der Oberstufe, in: Adam, Gottfried/ Rothgangel, Martin/ Wermke Michael, Religionsunterricht in der Sekundarstufe II – Ein Kompendium, Vandenhoeck & Ruprecht, Göttingen, 2006

Lightning Source UK Ltd.
Milton Keynes UK
UKHW042155270219

338157UK00001B/152/P

9 783668 179653